X书店

12节虚构的语文课

情感教育

冯军鹤◎著

葛根汤◎绘

北京科学技术出版社

100层童书馆

锦　瑟

（唐）李商隐

锦瑟无端五十弦，一弦一柱思华年。

庄生晓梦迷蝴蝶，望帝春心托杜鹃。

沧海月明珠有泪，蓝田日暖玉生烟。

此情可待成追忆，只是当时已惘然。

第11节课 一种乡愁 / 7

今天，我们生活在一个流动的世界。我们的足迹前所未有地广阔。我们也正在前所未有地远离故乡。似乎乡愁应该更加普遍才对。但可惜，我们拥有了手机。它让我们随时可以听到亲人的声音，甚至随时看到故乡的风貌。所以有人说，乡愁正在从这个世界上消失。你同意这样的看法吗？

第十一节课，让我们一起从诗歌和电影中感受过往的乡愁吧。

有一天，你会走进爱情。不要不好意思，这是必然的旅途。在许多人的想象中，爱情是美好、浪漫、激动人心的。

最后一节课，我们要讨论另一种爱情。它也许会让你心生怀疑。不过，如沈青所说，爱情是不同的，人也是不同的，阅读悲凉不一定会让我们变得悲凉。文学的丰富和细微将让我们看到，爱情和每一个具体的人，每一次具体的选择有关。

第11节课

一种乡愁

她坐下。身边是孩子们的争闹。就让他们闹去吧，她想，我不管了，也没有力气了。为什么刚才又生气了呢？本来是想讲和的。她闭上眼睛，深深呼吸。一个东西砸在肩膀上，疼。但她没有回头。Sunny的尖叫声响了起来。他喊着，妈妈，姐姐打我。她站起来，回头望了一眼，然后走向卧室……

我停下笔，打量自己的动机。

她走向卧室，让自己陷入彻底的绝望。然后呢？的确，她的生活很糟糕：家庭的分崩、异国的清冷、无助、背叛。但这些都是我的想象。我希望走近她，希望让这个人物——姗姗的妹妹，不仅仅是一个电话里喊叫的疯女人。

但为什么是绝望呢？这是我身上顺流而下的消极，还是我对于长大成人以及家庭婚姻的不信任？

我划掉最后一句，重新起笔。

我站起来，回头望了一眼。阳光打在哭泣的 Sunny 身上。我把他的面具摘下，看见眼泪已经流入他的嘴角。咸咸的。姐姐委屈地站在一旁，嘴里嘟囔着什么。另外两兄弟已经一溜烟跑开了。我把他们抱住，说，妈妈也好难受。说着，我的眼泪就流了出来。Sunny惊讶地看着我，只有身体还在抽动，但哭声已经灭了。姐姐拉住我的手，说……

我是和爸爸一起看这部电影的。片尾曲响起的时候，他兴奋地喊了出来。

"似水流年！我想起来了，这首歌是梅艳芳唱的！小时候我可喜欢了。"

"但你刚才睡着了。"

"哎呀，昨天晚上没睡好。不是电影的问题。

电影真的很不错。"

我看着他语无伦次的样子，摇了摇头。

"电影确实很不错。"他重复说道，"让我想起了小时候。那个时候，这周围都是一片渔村。听老人们说，改革开放之前，渔民可以开着小船，到香港，然后再回来，也有不回来的……"

"这么随便吗？那时候应该不让内地人去香港吧？"

"口岸那儿肯定不让过。海上没那么严。或者说，有时候严，有时候又不严。很多人都有亲戚在香港，所以摇着小船去探一下亲，再回来，想想也挺正常的。不过具体怎么回事，我也不太清楚，我是听你爷爷讲的。"

该睡觉了。不知道为什么，我对电影中姗姗的妹妹念念不忘。导演把她变成了一个任性的孩子，以及一个无助的妈妈。我开始试着去想象她，然后决定把这种想象写下来。她应该有自己的苦恼，她爱自己的孩子，她不想和自己的姐姐翻脸……但生活是残酷的，不是吗？

半个小时后，我哭了。哭声很小。爸爸听到声音后开始敲门。

你怎么了？他摸着我的头。

我想把他的手拿开，但没有这样做。

我想我妈了，我说。

这个晚上，我和爸爸聊了很久。好像从来没有和他说过这么多话。他静静地听着，一直到困倦把他压倒，头撞在桌面上。

我走进书店二楼空间的时候，电视屏幕上正流动着《似水流年》的画面。已经有四五个人到了。电影大概走了四分之一。此时，姗姗和阿珍正躺在床上，旧日的情感渐渐浓厚起来。

姗姗说："你真有办法，他那么听你的话。"

阿珍重新摆上校长模样，摇着头说道："男人不管不成呀。"

白江宏明亮地笑了起来。

有人不喜欢这部电影。完全在意料之中。李昊然说他看了三次才看完，每次都困得不行。连悠悠也在课程开始之前和我说，她觉得电影有点乱，想讲的东西太多了。不过他们才说完，立马有人表达不同的意见。

几分钟后，课程开始了。意外的是，屏幕上首先出现的是一首诗。

边界望乡

洛夫

说着说着

我们就到了落马洲

雾正升起，我们在茫然中勒马四顾

手掌开始生汗

望远镜中扩大数十倍的乡愁

乱如风中的散发

当距离调整到令人心跳的程度

一座远山迎面飞来

把我撞成了

严重的内伤

病了病了

病得象山坡上那丛凋残的杜鹃

只剩下唯一的一朵

蹲在那块"禁止越界"的告示牌后面

咯血。而这时

一只白鹭从水田中惊起

飞越深圳

又猛然折了回来

而这时，鹧鸪以火发音

那冒烟的啼声

一句句

穿透异地三月的春寒

我被烧得双目尽赤，血脉贲张

你却竖起外衣的领子，回头问我

冷，还是

不冷？

惊蛰之后是春分

清明时节该不远了

我居然也听懂了广东的乡音

当雨水把莽莽大地

译成青色的语言

喏！你说，福田村再过去就是水围

故国的泥土，伸手可及

但我抓回来的仍是一掌冷雾

又是洛夫。我还记得第一节课他的《唐诗解构》。他的诗可真是华丽啊，充满了修辞。"一座远山迎面飞来／把我撞成了／严重的内伤。"到处都是这样奇绝的诗句，阅读时像一块块瑰丽的石头滚滚而来。惊讶。

一首关于乡愁的诗。大家为诗句中那些熟悉的地名着迷。王渺说她家原来就住在水围附近。

福田不是区吗？怎么还有福田村？

洪乐说，福田口岸那儿挨着香港的地方就是

福田村。

你怎么知道？王渺反问道。

诗句里不是说了吗？诗人是站在落马洲那儿往内地方向看的。

王渺噘着嘴，不服气地微仰着脸。

"这首诗还有一段后记，可以更清楚地告诉我们诗歌写作的起因和情感。"马老师说。

然后诗歌下方跳出这么一段文字：

三月中旬应邀访港，十六日上午余光中兄亲自开车陪我参观落马洲之边界，当时轻雾氤氲，望远镜中的故国山河隐约可见，而耳边正响起数十年未闻的鹧鸪啼叫，声声扣人心弦，所谓

"近乡情怯"，大概就是我当时的心境吧。

马老师接着问我们，作为读者，哪一句诗让你最能感知到这种乡愁？

我分享了"一座远山迎面飞来 / 把我撞成了 / 严重的内伤"这一句。梁少楠提到了鹧鸪那一句，以及"异地三月的春寒"与诗人烧得"双目尽赤，血脉贲张"之间的对比。再思睿说太多了，这首诗几乎每一句都在写乡愁。

"诗歌表达中，意象的选取与构造是非常重要的手法。我们不妨看一看这首诗中使用了哪些重要的意象。田芳？"

"远山算吗？"

"你觉得呢？"

"算——吧——"她沉默了一阵子，"杜鹃肯定是，还有鹧鸪。应该没了吧？雨水？"

"还有白鹭吧。"王渺加了一句。

"泥土是不是？"李昊然认真地说道。

"我觉得不是吧。意象里得有情感。"是洪乐。

"泥土里当然有感情呀，故国的泥土，怎么可能没有感情呢？"

两个人不约而同地望着马老师，等待着。

"哎哟，老师一定能给你一个答案吗？这个习惯可不好。如果我说泥土不是意象，李昊然你就会改变看法吗？"

"我会坚持我的意见。"他依旧声调高昂。

"就像刚才洪乐说的，我们都知道意象是作者表达情感的一种方式。阅读诗歌的时候，我们也经常会不自觉地寻找意象。但有一点我们需要注意，诗人并不是为了技巧而写作。他不一定会明确告诉自己，我要选择这个意象，或者那个意象。甚至更早之前，诗人根本不知道什么叫作意象。所以，一个名词或者事物是否是意象，作者可能心里有数，也可能模模糊糊。而作为读者，我们也有自己判断的空间和权利。诗人不是为了技巧而写作，我们读者呢，也当然不是为了技巧而阅读。不过，这是个很复杂的问题。我们暂时谈到这里——"

"所以，到底泥土是不是意象呢？"王渺嘟囔了一句。

"你要觉得是，并且读出了作者的情感空间，那就是咯。"洪乐说道。

马老师也终于咧开嘴笑了。

"这个问题很复杂。意象已经是一个传统了，所以今天的诗人在写作的时候脑子里是有这个意识的。还是那句话，读者有自己的权利，读出和作者不一样的内容。当然，这样说也是有底线的。没有人问落马洲是不是意象。因为很明显，作者的情感没有在这个名词中特别停留。它只是一个地点。

"好，刚才的讨论很有意义。但接下来我们把目光放在这三个相继出现的意象上：杜鹃、白鹭、鹧鸪。这三个意象有什么特点？"

"都是鸟。"

"杜鹃刚开始出现的时候不是鸟，是杜鹃花。但是后面就变成了杜鹃鸟了，"是我自己的声音。

"变成了杜鹃鸟。有意思。洛夫被称为诗魔，诗歌中的修辞密集而又复杂，非常有讨论空间。我们简单聊一聊。三个小组，两分钟时间，分别讨论一个意象吧。"

白江宏走到我身边的时候，我对着他笑了。但笑容开了一半突然败落下来，变得赧然。悠悠咳嗽了一声。我低下头，踩了她一脚。

他泰然自若地聊开了。作者把自己比喻成凋残的杜鹃花，并且是生病的杜鹃花，代表着作者的乡愁之苦。"沈青，你为什么说后面就变成了杜鹃鸟？"

"沈青，为什么呢？"李悠悠重复说道。

我白了她一眼。

"首先是'蹲'这个动作，花不再是静物。但关键是咯血这个表达。古诗中经常用到杜鹃咯血的典故，比如'杜鹃啼血猿哀鸣'。

"还有'望帝春心托杜鹃'。"李悠悠插嘴说道，"老师解释的时候也提到了杜鹃唱歌到最后吐血而亡。"

"是的，具体的故事内容可以查到。但是杜鹃啼血的典故经常用来表达伤心断肠之情。在这里当然就是诗人的乡愁了。"

"那为什么要用'蹲'这个动作呢？而且还

放在了这一句诗的开头。"马老师突然出现在我们身后。我们面面相觑。

然后白江宏说："放在开头应该是强调这个动作。为什么——要——强调呢？嗯，我觉得——"

他思考了一会儿，继续说："我觉得和后面的内容有关，它是蹲在'禁止越界'这个告示牌的后面。蹲是向下，变小的动作，通过强调突出了告示牌的高大，也就是这四个字的绝对力量。诗人无法回到故土，也是因为这种力量。"

厉害，马老师竖起大拇指。

分享依旧精彩。子涵提到了白鹭的飞越和折回恰好映衬着作者不能跨越的伤痛。冉思睿提到了鹧鸪的典故。她还特意用手机播放了鹧鸪的叫

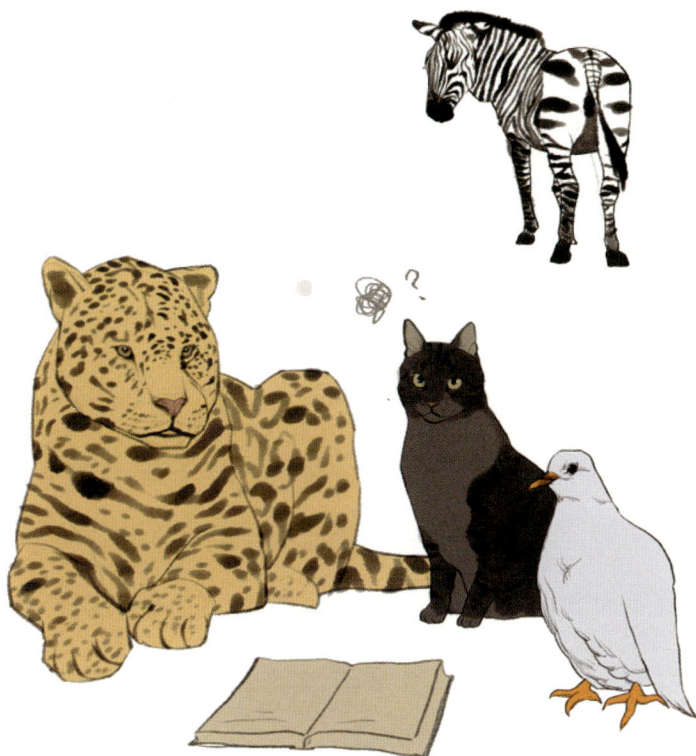

声。在古代,人们认为这个叫声很像这样一句表达:行不得也哥哥。不要走呀,冉思睿苦着脸喊道:"我的哥哥"。所以,鹧鸪在诗歌中的出现常常意味着浓浓的乡愁。

"这首诗写于 1979 年。"马老师说,"当时香港和内地当然还没有互通。而我们的诗人洛夫,自从 1949 年离开家乡湖南之后,30 年了,再也没有回去过。和他一起的是余光中,大家一定很熟悉他的《乡愁》。这就是那个时代,亲人或者朋友被不可抗拒的力量阻隔,再也无法相见。我们恰好在深圳,紧挨着香港的一片土地。在改革开放之前,这个地方叫作宝安县。六七十年代,住在这片土地上的客家人中间流传着这样一首民谣:

宝安只有三件宝，苍蝇蚊子沙井蚝。

十屋九空逃香港，家里只剩老和小。

"歌词很简单，大家一听就明白了什么意思。逃去香港的当然不只有宝安这个地方。我们可以问很多问题。比如，他们为什么要逃港？"

"因为那个时候内地太贫穷了。到香港可以赚很多钱。"李昊然抢着说道。

马老师笑而不语："以及，他们逃港之后会遭遇什么？还有，如果有一天他们可以返回家乡，又是怎样一个故事呢？"

"这就是《似水流年》了。"悠悠低声说道，但所有人都听到了。

"可能有人会以为《似水流年》是一部爱情片。这样的理解当然没问题。那我们就先从感情方面来梳理一下这部电影。三个主人公——姗姗、阿珍，还有孝松，彼此的关系似乎有点乱。"

"那可是相当地乱呀，老师，"王渺喊了一句，"我们还小啊。"

大家笑起来。田芳说，得了吧，你看的爱情小说可比这复杂多了。

"这儿有一个三角形的图表，"马老师等大家安静下来，继续说道，"我希望大家继续按照刚才的小组讨论一下，你会在哪个位置填上谁的名字，以及你会怎么概括他们每两个人之间的情感关系。"

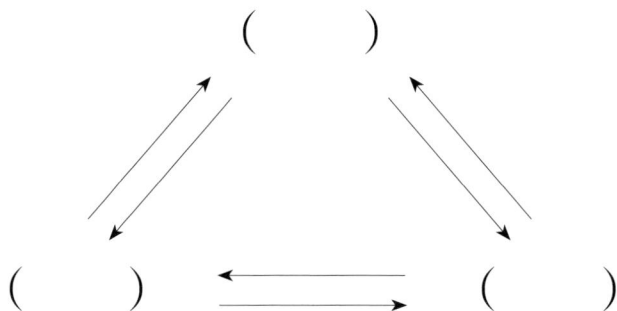

　　讨论开始。李悠悠说："我们先从两个女人聊起吧。她们俩到底有哪些情感？比如姗姗对阿珍。"

　　我刚准备开口，突然听见旁边小组梁少楠的一句话："应该把谁放在顶点呢？"

　　悠悠也听到了。她若有所思地看了我一眼。

　　白江宏笑着说："你俩搞什么鬼？"

悠悠说："对呀，三角形是有顶点的，视觉上把谁放在顶点，就意味着在我们眼中，故事在围绕着谁展开，或者说，谁是某个意义上的中心。"

白江宏说："那当然是围绕着姗姗呀，姗姗是最重要的主人公嘛。"

"顶点得是孝松啊。这不就是两个女人和一个男人之间的爱情故事吗？她俩都喜欢这男的。"王渺毫不吝啬自己的嗓门。

我和悠悠看着白江宏笑了。

"那么，有没有可能把阿珍放在顶点呢？"我说。

"可以呀！"白江宏应和道，"毕竟三个人中，阿珍的生活似乎是最圆满的，无论家庭还是事业。"

最终，我们小组还是把姗姗放在了顶点。故

事主要是在她的视角和情绪中流动的。而且最重要的，悠悠认为，故事的发生源于姗姗的返乡。但她不属于这个地方，她最后也离开了。所以这是一个属于姗姗的故事。而我们判断情感的时候，其实也是在判断因为她的返乡，什么情感被搅动起来了。甚至孝松对阿珍的感情中不满的一面，在很大程度上也是因为姗姗的出现。

王渺他们组果然选择了孝松作为情感核心。阿珍对孝松——占有、控制；姗姗对孝松——爱慕、温情；姗姗对阿珍——嫉妒；阿珍对姗姗——警惕。

最后一个小组和我们一样，顶点上写着姗姗。但在姗姗和阿珍的感情上，我们有一些明显的分歧。我们的意见来自白江宏，阿珍对姗姗，他写的是"自愧、自负"。姗姗对阿珍则是"可怜、羡慕"。

"两个人的情感都很复杂。"他说，"阿珍在形象上感到自愧，但也会武装自己，她是校长，被政府认可，同时拥有圆满的家庭，姗姗在对比之下仿佛是一个无家可归者。而反过来，姗姗也是同样的逻辑。内地无论是生活还是观念都落后而贫穷，但生活上的和谐与人际关系却令她羡慕。"

而彭子涵代表他们小组展示的答案是：姗姗对阿珍——回忆之爱；阿珍对姗姗——同情之爱。

她说，我们承认，两个女人之间感情很复杂，我们不想把全部情感都写出来，而是努力找出更具压倒性的情感。姗姗对阿珍和孝松的感情都源于一种美化，对童年和故乡记忆的美化。她回来不仅仅是因为奶奶，也是一种疗愈，虽然最后似乎并没有成功。而阿珍对姗姗，我不觉得有明显自愧的一面，主要的情感仍然是怜悯。在依旧古老的乡村，家庭的圆满是最重要的。而姗姗虽然衣着光鲜，但无论和自己的妹妹，还是自己的感情，都那么糟糕。我们觉得这是阿珍主要的关注点。

一个三角形，我们竟然聊了这么久。

马老师等到所有发言结束，才把声音接过去。

"这么一聊，似乎电影的主线稍微清晰了一点。"她顿了一下，"不过也有可能更复杂了。挺好的。这就是好的故事，有空间，有岔路。刚才的讨论集中在人物关系，像是在聊一部小说。接下来我们尝试使用一下电影的目光。电影是流动的影像，而且有一个框。"她的手描画出一个方形，"在这个有限的空间里，如何安排事物、角色甚至明暗、色彩的关系，很重要，也常常包含着一些意图。这就是电影构图的艺术。

"我们直接来看这张电影截图吧。大家记得这个场景出现在电影里什么时候吗？"

"是不是接下来蛇把箱子拱下来了？"

"不是吧，那是更后面了。这个之后，应该是'我们的碗就是你的碗，我们的衣服就是你的衣服'那一段。"

"还有，我们的床就是你的床。"

隐隐出现几个人的笑声。

　　马老师苦笑着摇摇头，说："我们一会儿重新播放这个片段。但在此之前，希望大家能够思考，这个场景为什么要这样构图？为什么是这个角度？这个角度中事物和人物之间的关系安排有一种怎样的效果？"

马老师把电影向前拖动，阿珍和孝松在床上拥抱着。

孝松说，你想什么呢？

我在想姗姗真可怜，她已经打过两次胎了。

她要男的？

不，她连老公都没有。

她不是挺有钱的吗？

不，阿珍叹息道，杂志没有人看，办不下去了，做的生意也要破产了，妹妹还要告她，她在外面的日子可不好过。

孝松也叹了一口气。

阿珍问，你在想什么呀？

孝松回答，没想什么。

这时，响起一声猫的叫声。阿珍脸上掠过一丝惊觉，说道，我们不去想它了，睡吧，好吗？

孝松说，好。

灯光关闭。风吹进来，屋梁上的竹篮晃动，同时响起清脆的铃声。镜头随即转向这个场景，箱子和板壁将整个画面一分为二。然后，黑夜转入白天，镜头的角度如旧，但另一半空间里，桌旁已经开始了四个人的午餐。

为什么要采用这个独特的视角呢？大家在小组中热烈地讨论起来。

几分钟后，洪乐把手高高举起，第一个发言：

"从观看的效果来说，镜头从上往下拍，并且让箱子占据了一半的空间，会给人物造成一种压迫感。或者从剧情方面来说，也许在暗示着人物关系可能会遭受的一种威胁。威胁来自何处呢？毫无疑问就是这个箱子里的东西，一个纸风筝。故事虽然没有明确说明这个纸风筝背后的故事，但我们大概能猜到这是孝松和姗姗之间的某段记忆。也就是说，正如这个镜头呈现出来的视觉效果那样，孝松和阿珍的关系因为姗姗的出现受到了威胁。"

洪乐的表达很清晰。本来准备分享的几个人没有再举手。马老师询问大家有没有可以补充的。我决定再说点什么。

"洪乐说的已经很好了。但我还有一些模糊的想法。首先还是这个镜头，除了分割和压迫感之外，还有很清楚的明暗对比。右上角箱子的部分是暗的，左下角人物的部分是明的。我想，这种安排本身也可以用洪乐的逻辑来解释，箱子是一个隐含的威胁，在之后的情节中会制造一次爆发。但我想它也可以是孝松身上被努力掩盖的部分。他对姗姗有感情，但知道这不现实，所以只能努力隐藏。

"电影还有一个明显的设计。那就是阿珍与孝松关系中的女强男弱。如果我没有记错的话，这个地方是潮汕地区，很传统的重男轻女的区域。所以女强男弱的设定很不正常。用箱子和纸风筝来解释三个人的感情关系是一个思路，但我觉得也可以集中在孝松身上。首先，因为这是孝松的东西。

其次，孝松是电影中变化最剧烈的角色。我认为他的变化就来自记忆的唤醒，也就是姗姗的到来所引发的对过去的怀念，和对姗姗的情感。这些回忆作为一种压力，让孝松渴望发出自己的声音，正视自己的情感需要，而不仅仅是习惯性地服从阿珍，所以最后才有了那次爆发。"

"真好，能够从电影的一个截面聊到人物角色的变化。大家真的很用心在思考。这三个角色之间的情感很重要，有爱情、也有友情。但这就是电影全部的情感空间了吗？"

"当然不是，还有乡愁呢。不然干吗让我们一开始读那首诗？"王渺说道。

白江宏继续说："还有亲情。首先是姗姗和妹妹，以及和去世的奶奶之间的情感。还有阿强和忠叔这对父子之间，甚至从香港回来的超伯，他主要谈论的，也是和自己儿子之间的故事。"

"爱情、友情、亲情、乡情，情感空间真的很丰富呀。"马老师说，"但正如我们一开始谈到的，这一切的发生都源于深港口岸的开放。1982年，时任英国首相的撒切尔夫人访华，开始了中英两国关于对香港恢复行使主权的谈判。1984年，《中英联合声明》发表，确立了1997年交还香港的细节。在这两年前后，口岸开始放松，港人回内地探亲成为可能。而我们的电影——一部香港电影正好上映于1984年。面对这些信息，大家能不能想到一些和电影创作有关的问题呢？"

"作为一个香港人，知道即将回归祖国的时候，会是什么感情呢？"洪乐率先发问。

田芳接着说："导演有家人在内地吗？他在口岸放松后，也回来探亲了吗？"

还有悠悠的一个问题："导演在结尾的地方把这部电影献给自己的父亲，并且说是他父亲的猝然离世促成了这部电影。为什么呢？为什么他父亲的死和这部电影有关？"

"我也有一个问题。"看到没有其他人举手，马老师说，"导演或者编剧，也就是内容的创作者是如何看待内地的呢？"

白江宏举起了手。马老师微笑着说："先不急着回答。我先问你另外一个问题，江宏。我们可以在电影中看到创作者对内地的情感或者态度吗？"

"可以吧。我觉得电影中内地的形象，或者具体来说，这个村庄——状元村的形象就是被导演塑造出来的。在我眼中，这个状元村充满了……"

"停——"马老师双手张开，做出暂停的姿势，"我们让大家来回应这个问题，并且以一种迂回的方式。请所有人从桌子上拿一张便笺纸，然后写下电影中的两个物品，来代表你眼中这个村庄的形象。"

风筝，这是我脑海中浮现的第一个画面，但不是箱子中陈旧的纸风筝，而是电影中姗姗躺在干草垛上看到的那只风筝。然后呢？很多事物都涌了过来。但最终，我选择了那棵古老的榕树（是榕树吧？）。几百年的岁月，古老的枝干，就像这个村庄一样，在时间中缓慢地生长。

便签纸上面有不少重合的物品。风筝是一个，还有好几个人都写了牛粪。

"牛粪可是很珍贵的，是重要的肥料！"李昊然听到有人笑，义正言辞地回应道。

牛粪、风筝、干草垛、远山、鹅、大树、暖水瓶、蚊帐、老鼠、竹筏……然后大家开始议论一个奇怪的答案：**民谣**。

是王渺写的。

"我知道有人会质疑说，民谣不是物品。但我相信我们可爱的马老师不会这么死板的。"

看到马老师微笑着点头以后，她继续说下去，

"所以，我为什么选择民谣呢？一方面当然是民谣和生活之间的关系。这个无需赘言。但更重要的是民谣出现的那两段镜头。是的，它出现了两次。谁唱的我们不知道，所以也不重要。第一次，紧随民谣之后的，是一个老奶奶头顶着一口大锅的镜头。本来我觉得莫名其妙。没事儿顶着锅干吗呢？没想到在主人公姗姗用手测量大树，并且和汉公唐公相遇后，镜头就又回到了大锅。我相信很多人没注意到这个细节！但是我注意到了！我看了三遍呢。镜头不仅回到了大锅的场景，而且镜头正中央就是之前出现的老奶奶。太细致了！你们能想象我发现这个细节时候的兴奋吗？

"好了，言归正传。就是这个好像多出来的场景特别打动我。人们聚拢在一个类似于村庄广场这样的地方，用锄头刮掉锅底的灰，发出有节奏的声音，旁边还有人在洗衣服、绣花。真的很和谐，而且充满了生活的气息。民谣第二次出现是在电影的结尾。背景是大海中的一艘小船。很有感觉。第一次民谣出现的场景，我觉得就是电影中内地形象的表达：和谐、温馨、有生活气息。而第二次民谣出现的场景，那艘小船，我觉得有点像香港？在大海上飘了那么久，最后是想要回家的。"

没想到王渺看得如此细致。

"谢谢王渺的详细说明。民谣当然可以作为内地形象的一种象征。也很高兴你没有被物品这个表述所影响。好了，现在我们看一眼大家写下来的这些物品：风筝、牛粪、远山、干草垛、暖水瓶……结合这些物品，我们再来总结电影呈现出来的内地形象。这是一个什么样的中国？"

"古老、贫穷，但却很美好。"

"对，很淳朴，人和人的关系是友善的。"

"但同时也是封闭的吧，"洪乐用一种质疑的口吻说道，"什么都是队长说了算，而队长一点文化都没有，一开始竟然还莫名其妙地不同意学生去广州游学。"

"这避免不了，时代痕迹嘛。但总体来说，我相信导演是以一种美好的目光在观看和塑造内地的。甚至，就其中人和人的关系来说，这几乎是一个桃花源呀。"是王渺。

"是的，比如大家选择出来的风筝，"白江宏接着说道，"前后的那个片段就是一个非常诗意的镜头。除了姗姗以外，其他归乡的几位，比如超伯，以及汉公和唐公，都有一种落叶归根的满足感。甚至汉公和唐公这个名字也很有意味。汉唐代表着中国历史上最灿烂的两个朝代。仿佛这个小小的村庄，就是中国文化的代表一样。"

但我觉得没有那么单一。我想到了学生们去往广州的片段。在大酒店里张望与瞠目，面对方糖的贪婪，甚至返程路上强仔的"发疯"，似乎都预示着另外一些东西。也许，真的只有封闭才能够留住桃花源。而一旦开放……

"所以，这是电影呈现出来的内地。那么，与之对比，电影有为我们展示香港的形象吗？"

"电影里一个香港的镜头都没有，导演是故意的吧。"

"我觉得不需要香港的镜头，"彭子涵突然说道，"因为香港的形象已经通过姗姗展现出来了。她衣着光鲜，花钱很大方，代表着香港物质财富的一面。但更重要的是，她几乎要破产了，她和自己的妹妹正在决裂。她一直没有成家，而且已经流产过两次了。这些几乎都是内地形象的对立面。内地很贫穷，物质落后，思想保守，但是人们相互之间充满了信任与和谐。但香港呢，虽然很富有，却充满了欲望和争斗。"

"还有一个细节，我看的时候印象很深刻。"

悠悠接着说道，"就是姗姗已经快要破产了，花钱却还那么大方，尤其是出钱让学生们到广州游学。"

"这是消费习惯嘛。"李昊然不以为然地说道。

"是消费习惯，"我说，"但这个消费习惯也是香港生活的一种反映。就像今天网络上提到的一样，有的人花钱，就是为了证明自己。"

田芳突然兴奋起来："对！姗姗在香港的生活太失败了，甚至让她觉得没有意义，所以这种行为对她是一种需要，好像自己还能做一些贡献。"

我点点头。马老师也点点头，然后看了一眼钟表。时间刚好是八点半。

"所以，一种明显的对比，被诗意化的内地和被批判的香港。为什么会有这样的倾向呢？这种视角和导演本人有关吗？刚才悠悠问了一个问题，关于导演的父亲和这部电影的关系。我把这个问题留给大家。大家可以去网上搜索，你会看到导演自己的故事。另外，我不断强调这个电影的内容创作者。因为我们常常把电影的创作归功于导演一个人，却忽略了编剧和其他人的贡献。在这部电影中，编剧孔良先生的背景也值得我们关注。他不是香港人，而是来自内地。

"好了，下周就是我们最后一次课程了。我们也选择了既有挑战，同时也极具魅力的一部作品：张爱玲的《第一炉香》。当然，是不是有魅力，还得你们自己去判断。也希望喜欢张爱玲的同学可以试着阅读一下她另外几篇小说，比如《金锁记》《倾城之恋》《封锁》等。不过，作为一个张粉，我得停止唠叨了。下节课我们一起慢慢聊。"

终于要读张爱玲了。书房里有她的几本书。那是妈妈留下来的。

妈妈喜欢张爱玲吗？

走在深秋的路上，我想象着她坐在书房里的样子。有点冷了。公交车上空空荡荡。潮湿的树枝在海风中快乐地摇摆着。月亮挂在空中。

我想和妈妈说，我恋爱了。

第 *12* 节课
一种爱情

进入书店的时候，天空是快要下雨的样子。风一阵追着一阵。一张白色的纸片打在橱窗玻璃上，然后又飞走了。汽车鸣着喇叭。书店里有人在打电话。

白江宏一个人坐在长桌旁。角落里蹲坐着彭子涵。我在他旁边坐了下来。他抬头看着我，平静地打了招呼。

"怎么样？喜欢张爱玲吗？"我努力控制着自己的声音。

"喜欢，尤其是《封锁》。好厉害！开头和结尾合在一起了。"

"那我比你看得多。我刚看完《金锁记》，你一定要读这一篇，看得我浑身起鸡皮疙瘩。"

"起鸡皮疙瘩？那我可真是太感兴趣了。"

他翻回目录，找到《金锁记》这一篇。我把书打开。书签来自另外一本书。木刻版画的图案上，镂刻着一束昏黄的玫瑰。最后一篇作品是《连环套》。我盯着这三个字，然后在第一句话那里像波浪一样不停地翻滚着：赛姆生太太是中国人，赛姆生太太是中国人……

他身体晃动了一下。我翻到下一页。

"开头两个丫头的谈话很像《红楼梦》呀。"他突然说。

"你看过《红楼梦》？"

"是呀。我最喜欢的书之一。"

《红楼梦》我当然翻开过，但没有读进去。应该问一下他为什么喜欢。但喉咙哑着，我得说点什么。

"我们加个微信吧。"我听见了自己的声音，干巴巴的。

他抬起头，笑着说，好呀。悠悠走进来的时候，我仍然滞留在《连环套》的第一页。可以听见雨点打在窗户上的声音，但我没有发现悠悠走到我身边。直到她咳嗽一声，大着嗓门喊道:"哎哟，这么巧，这一层就你们俩呀。"

我往彭子涵呆着的角落看了一眼。她赶紧压低声音:"不好意思，我没看到。"

反而是彭子涵不好意思地摆了摆手，讪讪地笑了。悠悠在我身边坐了下来。

马老师准备上课之前，我看了一眼手机。我们已经是好友了。悠悠凑过来，意味深长地冲我微摇着头。我的脸在发热。他在看《金锁记》。

"怎么样？阅读张爱玲什么感觉？"马老师几乎是迫不及待地询问着。

"太好了，我太喜欢她的文字了。"王渺略带浮夸地喊道。

"反正我读得有些吃力。"李昊然说，"对这些谈情说爱的故事我实在提不起兴趣。"

"你呢，沈青？"马老师恰好走到我身后，"整本书你都快看完了。"

"我……很好……"我把手从桌子上拿下来，书页立刻翻滚回去。

"我是说张爱玲很好。她的写作很有感染力，细节描写很厉害。而且——"我把手放回到书的封页上，犹豫着继续说道，"我也很喜欢她作品中的悲凉，一种对人和人关系的不信任。"

"啊——这多惨呀。"田芳喊了一句。

"我不是说我喜欢悲凉和不信任。而是说张爱玲很厉害地把这种感觉写出来了。不仅写出来了，还写得让人害怕，甚至毛骨悚然。我不知道张爱玲为什么要这样写，或者为什么以这种方式看待世界。但能够把这种关系写得如此透彻，她就是一个好作家。我也在阅读中被这种艺术魅力折服了。但这不代表我会因此变得悲凉。甚至相反，阅读中我反而更加珍惜身边的人了。"

　　悠悠踩了我一脚。我意识到她误会了这句话的意思，脸又开始烧起火来。

　　"这种悲凉我们随后肯定还会聊到。这是张爱玲作品的一个特点。大家可能之前没有阅读过这样的小说，所以阅读起来有困难也在意料之中。不过我很好奇，你们会如何形容张爱玲作品的风格呢？江宏？"

"我觉得是**华丽**吧。既有故事内容上的华丽，也有文字方面的华丽。"

其他人也陆续举着手。

冉思睿说："**精致**，或者说讲究。"

李悠悠："**繁复**。里面有大量的描写和修辞，尤其是比喻句。衣服和物品的名称也很详细，比如什么夜蓝绉纱包头。我在读的时候感觉很有画面感。"

彭子涵也举手了。

"在几位同学说的特点以外，我还想加上一点。悠悠刚才提到了衣服物品的名称，这让我想到了

《红楼梦》。而小说叙述的语言也有点像《红楼梦》。我查了一下，发现张爱玲确实特别喜爱《红楼梦》，甚至她还有一本书叫作《红楼梦魇》。"

"所以是类似于《红楼梦》的语言风格？"

彭子涵迟疑了一下，然后缓慢地点了点头。

"我猜你想说的是一种古典小说的痕迹？某些地方半文半白的语感？"

看到子涵的笑容后，马老师继续说，"在读汪曾祺的时候，我们已经聊到了作家的语言风格。两个人之间的差别是显而易见的。这是阅读中自然而然的发现。好的作家往往有自己习惯的风格。它涉及词语的选择，句子的长短，习惯的表达方式等。并且风格的选取也和作家的写作理念或者表达效果有关。如果你喜欢阅读，读得越来越多，风格的差异对你来说就会更加清晰，也更加复杂。

"好了，不唠叨了。下面呢，我们不妨具体来看一下张爱玲经常被读者们提到的一个特点。刚才悠悠谈到了张爱玲作品中的描写和画面感。我们来看这么一段话。"

这园子仿佛是乱山中凭空擎出的一只金漆托盘。园子里也有一排修剪得（　　　　　　　）的长青树，疏疏落落两个花床，种着艳丽的英国玫瑰，都是（　　　　　　　），就像漆盘上淡淡的工笔彩绘。草坪的一角，栽了一棵小小的杜鹃花，正在开着，花朵儿粉红里略带些黄，是鲜亮的虾子红。墙里的春天，不过是虚应个景儿，谁知星星之火，可以燎原，墙里的春延烧到墙外去，满山（　　　　　　）开着野杜鹃，那灼灼的红色，一路（　　　　　　）烧下山坡子去了。

　　第一行还没有读完，我就意识到这是小说第一页中的一段话。我伸手翻开书本——

　　"诶，等会儿。"我抬头，发现马老师正看着梁少楠。她随即扫视一周。

　　"大家先不要看书。我们来猜一下，或者运用自己的理解思考一下，括号里可以填什么。提示一下，都是形容词或者副词。"

　　"这是小说哪个部分的片段？"洪乐举手问道。

---

* 作家张爱玲（1920—1995）创作的一部小说，最早发表于 1943 年。
此版为作品集，花城出版社。

"第一页。故事的开始。"回答的是李悠悠。

的确不记得这么细节的内容了。但应该是葛薇龙的视角。她刚到姑妈家，希望姑妈可以帮助自己完成学业。这是她不熟悉的宅子。园子里当然是人工的景致，而墙外……

一部分人也注意到了前后两个内容的对比。大家自由地分享着自己的发现。比喻句、形容词、色彩……墙里的春天是被修剪过的。而墙外是野性的自然。我试着选了四个词语：整整齐齐、线条分明、肆无忌惮、摧枯拉朽。悠悠说最后一个空确实是摧枯拉朽。

我说："你看书了？"

她不屑地摇摇头："我记忆力比较好。"

马老师让我们自己翻书查看张爱玲的选择。我找到"摧枯拉朽"四个字，盯住了悠悠。

"我摘抄的第一句话就是这一段。还把摧枯拉朽四个字涂色了呢。"她自豪地说道。

屏幕上也呈现了完整的段落。四个词语是细瘦的亮红色。

这园子仿佛是乱山中凭空擎出的一只金漆托盘。园子里也有一排修剪得（齐齐整整）的长青树，疏疏落落两个花床，种着艳丽的英国玫瑰，都是（布置谨严，一丝不乱），就像漆盘上淡淡的工笔彩绘。草坪的一角，栽了一棵小小的杜鹃花，正在开着，花朵儿粉红里略带些黄，是鲜亮的虾子红。墙里的春天，不过是虚应个景儿，谁知星星之火，可以燎原，墙里的春延烧到墙外去，满山（轰轰烈烈）开着野杜鹃，那灼灼的红色，一路（摧枯拉朽）烧下山坡子去了。

"有人和张爱玲想的非常接近。这种接近想必是根据段落中其他内容判断出来的。刚才选择词语的时候你们不少人已经交流过了。现在我们不妨直接聊一聊，你如何看待这一段景物描写？或者说，你从中读到了哪些内容？"

首先分享的是白江宏："墙里和墙外是两个世界。墙内是布置谨严、一丝不乱、齐齐整整的，一切都被设计过。而墙外却是轰轰烈烈、摧枯拉朽

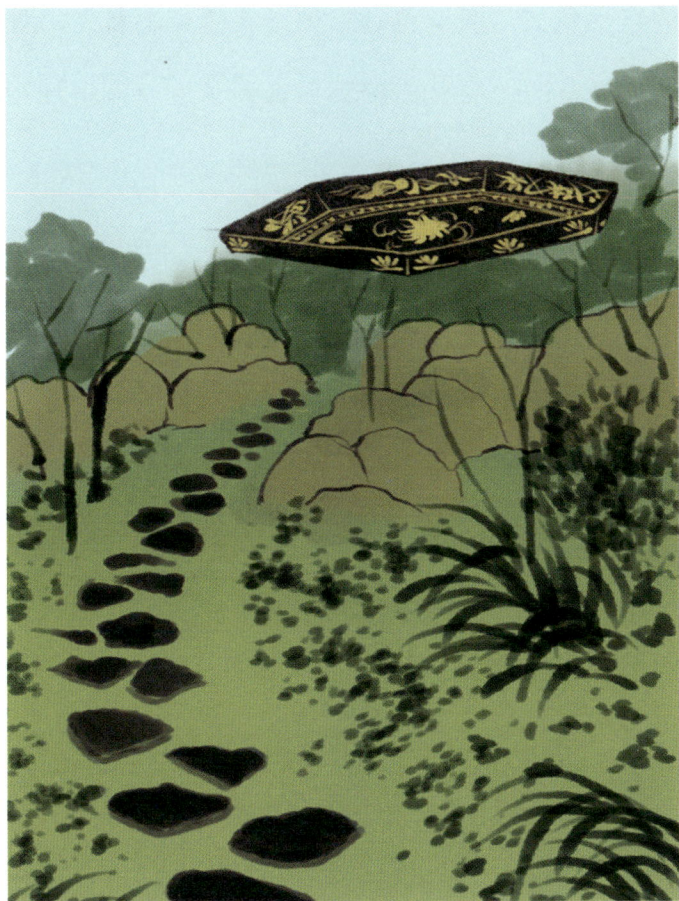

的自然风光。我觉得这好像是在暗示葛薇龙的处境。她从一个更自由的世界来到了这个充满规则和束缚的地方。这恰好也是她的视角。"

悠悠走在类似的道路上："我也认为这是一种暗示。墙内和墙外的对比是无处不在的。甚至颜色都有差异。墙内的粉红中带着点黄，浅淡的颜色，有点虚弱的意味。但是墙外却是灼灼的红色，热烈而大胆的颜色。我觉得这不仅仅是葛薇龙的处境，甚至是一种警告，好像在说，不要待在这儿，不然你会被修剪，最后变得很虚弱。"

"那这会是谁发出的警告呢？"悠悠话音落下，子涵便发问道，"肯定不会是葛薇龙自己意识到的危险吧？因为这个时候她什么也不知道。她刚到这个地方。所以,有没有可能是作者发出的警告呢?"

"作者发出的警告,"是洪乐,"这个有意思。作者好像心疼自己的主人公,用打哑谜的方式提前剧透。不过不可能是剧透给主人公,只能是剧透给读者们。"

"为什么不可能是葛薇龙的意识呢?毕竟她知道姑妈的一部分故事,在香港这么久,也知道这样的园子里可能会有什么规矩。所以作为一种隐含的担忧,我觉得也是说得过去的吧。而且,前面都说了是葛薇龙在观看。"悠悠想要坚持自己的观点。

"哇!马老师!张爱玲可真是厉害。"王渺突然用亮白的嗓门吸引了大家的注意力,"她前面这两个比喻句竟然是套在一起的。把园子比作托盘，然后开始写园子里有什么。两三句之后，园子里的这些英国玫瑰就成了托盘上的工笔彩绘。真有意思。"

还真是，我也没有发现这个设计。但王渺说完后，大家突然陷入沉默。马老师看着大家，任由沉默在房间里弥漫。

"我觉得吧，"还是王渺，但嗓门轻淡了很多，"也有可能就是那么一种景色。富人家的园子肯定会修修剪剪。而旁边的乱山，当然会是轰轰烈烈的自然景观。你要是读出了警告，可以把它安在葛薇龙身上，也可以安在作者张爱玲身上。作者忍不住给你剧透一下，炫一炫技巧，挺正常的嘛。

有答案吗？张爱玲已经死了，不可能回答你这个问题了。读书嘛，开心最重要。"

悠悠显然不满意这样的妥协。她皱着眉。

"有意思，很有意思。"马老师说，"我很同意王渺的一个表述，那就是这类思考和问题没有答案。但我觉得没有答案和张爱玲是否活着没有关系。故事有自己的逻辑，只要你足够细心就能找到理解的路径。作者的话不是权威。不过话说回来，能够引发读者思考，这肯定是写作者的一种能力。所以不管有没有答案，这种讨论都还是很有意思的，对吧？接下来，我们继续聊一聊其他部分的景物描写，但要换一种方式。"

马老师给我们每个人发了一张纸条，上面写

着一段文字，当然都是景物描写。总共有五个不同的片段。我们有十个人，所以每两个人会拿到同样内容的纸条。

我手里是这样一段话：

薇龙一抬眼望见钢琴上面，宝蓝瓷盘里一棵仙人掌，正是含苞欲放，那苍绿的厚叶子，四下里探着头，像一窠青蛇；那枝头的一捻红，便像吐出的蛇信子。

我等待着同伴。不是悠悠，也不是白江宏。我站起来寻找其他目光，在一片嘈杂的声音中突然听到李昊然的大嗓门：

"青蛇——谁的纸条上有青蛇——"

我苦笑着，走到他身边坐了下来。

"来，分享一下你的高见吧。"我说。

"我稍微研究了一下，就发现这段文字很不一般。为什么要把厚叶子比喻成蛇呢？而且这条蛇还吐着蛇信子。即使知识没那么渊博，我也知道蛇吐着信子一般是准备攻击时候的姿态。"他停下来盯着我。

"有道理，所以为什么呢？"

"这就要回到葛薇龙的位置上了。这句话是葛薇龙的视角，所以比喻句可以解释成葛薇龙的联想。她把这么美好的植物想象成具有攻击力的蛇。真相只有一个，那就是她觉察到了危险。"

"什么危险呢？"我故作好奇地追问道。

"好问题。"他想了一会，"不过我得查看一下这段文字前后的语境。"

他打开书本。我不作声地看着他。突然，他停下来抬起头：

"我觉得应该把回答这个问题的机会留给你。"

"太荣幸了！"我笑着说，"这段话出现在第九页。我们来找一下。第 8 页的开头，姑妈很粗暴地数落了葛薇龙一顿，然后又把她冷落在院子里。她自己回到客厅，又听到了另一间屋子里的高声叱骂。她也想到了姑妈的名声可能确实不干净，自己是跳进黄河里也洗不清了。所以，葛薇龙不知道自己会遭遇什么。但她当时既不安又害怕。所以周围的一切，这个陌生的环境看起来都像是有威胁的。"

"嗯，不错，真是个有前途的学生。"他说完便自顾自地大笑起来。

真是个没长大的男孩儿。

屏幕上，马老师已经把五个片段全都展示了出来。讨论完手头的内容，马老师说，可以两个人聊一聊其他片段。我看了一眼李昊然，发现他正在书的封面上涂画那弯淡黄色的月亮。我便自己打量起其他文字：

窗外就是那块长方形的草坪，修剪得齐齐整整，洒上些晓露，碧绿的，绿得有些牛气。有只麻雀，一步一步试探着用八字脚向前走，走了一截子，似乎被这愚笨的绿色内地给弄糊涂了，又一步一步走了回来。

那时天色已经暗了，月亮才上来。黄黄的，像玉色缎子上，刺绣时弹落了一点香灰，烧糊了一小片。

黑郁郁的山坡上，乌沉沉的风卷着白辣辣的雨，一阵急似一阵，把那雨点儿挤成车轮大的团儿，在汽车头上的灯光的扫射中，像白绣球似的滚动。遍山的肥树也弯着腰缩成一团；像绿绣球，跟在白绣球的后面滚。

丛林中潮气未收，又湿又热，虫类唧唧地叫着，再加上蛙声阁阁，整个的山洼子像一只大锅，那月亮便是一团蓝阴阴的火，缓缓的煮着它，锅里水沸了，嘟嘟的响。

　　每一个句子中都潜藏着一种情绪，有的清晰，有的模糊。我找到它们所在的位置，折出一个小角，开始一一观看、想象。除了第19页这个片段，其他几处描写都不是作品中某一个角色看到的景物，既不是葛薇龙，也不是乔琪乔。它们都属于作者所交代的环境。所以，作者的交代中为什么要有如此明显的暗示呢？就像彭子涵刚才说的一样，是作者发出的警告？或者她不由自主流露出的对主人公的同情？就像第32页的这个内容，风把雨卷着，也把遍山的肥树卷着，它们像绣球似地滚动着，被动而又无力。这不就是接下来将要发生的故事吗？糟老头子司徒协像那乌沉沉的风，姑妈是雨，最无力的肥树像葛薇龙。或者不需要这么具体的对应，只需要感受景物描写中所隐含的情绪或者状态就好了。

冉思睿正是这样分享的。而在白江宏的表达中，第19页的麻雀也成了葛薇龙的自喻。这次质疑过度解读的人是洪乐，但他也承认，是作者的描写给了这种解读空间。

彭子涵所要讨论的是27页的片段，但她把这个片段和第38页的片段放在一起做了比较。两处景物都写了月亮，她说自己想到了古诗词中作为意象的月亮。比如在《水调歌头》与《静夜思》中，月亮并不仅仅是一种比喻，同时也是承载着某种情感的意象。这里也一样，它们借助于比喻的一个情景，来引起读者的一种情绪，这种情绪用来指向正在发生的故事。第27页前后，葛薇龙第一次遇见乔琪乔，两人便心生情愫。这种爱不仅仅是不合适的，而且也是危险的，正如被烧出疤痕的缎子，美好的东西被破坏了。而到了第38页，这种关系更是展现了虚假的一面，乔琪乔的爱太自私了。这个时候，把月亮比喻成阴火，实在是恰当。

马老师继续肯定着大家的自由阐释。我不禁想到，在《倾城之恋》和《金锁记》中，月亮也出现了很多次。我忍不住翻开书，找到《倾城之恋》的开头，快速看了一眼。然后又跳入《金锁记》。月亮变换着不同的色彩和光影，在我的脑海中流动。

马老师已经在谈论葛薇龙。我合上书，回到课堂。

"这部小说只有四十多页，但似乎写尽了主人公葛薇龙的一生。我相信大家对这个故事会有不理解，但也一定有很多想要表达的。我们先来交流这么一个问题吧：**你如何看待葛薇龙的遭遇或者变化呢？**"

"都是她姑妈这个恶毒的女人造成的。"

"她姑妈当然有错。但我读到最后有一个疑惑，葛薇龙和姑妈的命运怎么就越来越相似了呢？都得依靠男人活着。似乎作者在暗示她们之间的某种关联。跳出来看，她姑妈最初的选择大概也是一种反抗吧，也有无奈的地方。小说里几个女性角色的交流，比如葛薇龙和周吉捷、葛薇龙和睨儿，当然也包括葛薇龙和姑妈，都不断谈到女性的选择。她们的生活空间太狭窄了。想要掌握自己的命运，好像也没有其他可能性。"

"所以这个小说读起来才会有一种宿命感，好像葛薇龙只能如此。"

"恐怕不能这么说吧。葛薇龙的选择里既有物质的一面，也有感情的一面，都是她主动的行为，是她自己贪恋奢华的生活。她自己明知道这段感情不靠谱，却还是走入其中。她有很多次拒绝的机会，中间也是可以离开的，但她始终选择了妥协。"

"离开以后呢？回到上海，她的故事会不会

更惨？"

"还能怎么惨？在姑妈这儿和妓女有什么区别？"

"你这是在进行粗暴的道德判断。葛薇龙当然需要为自己的堕落负责，但恐怕张爱玲并不是以这么简单的逻辑在写这本书。她流露出来的同情和怜悯，刚才我们已经读到了。所以，葛薇龙的遭遇不仅仅是个人选择的问题，我们也应该看到社会的压迫。"

悠悠的情绪激烈起来。马老师这才开口说话：

"这个问题应该很重要，我相信无论对作者还是读者都是如此。我们也应该讨论下去。但我们稍微停一停，试一试在文本细读的基础上再进行讨论，可能我们会距离作品更近一些。"

马老师在白板上写下"**文本细读**"四个字，然后在旁边继续写下英文单词：**Close Reading**。

"文本细读与其说是一种方法，不如说是一种态度。英文单词可能表达得更清楚，强调距离作品更近地阅读。距离更近，就能发现文字间更细微的安排和效果。其实，刚才我们对景物描写的片段进行的阅读，就是文本细读的尝试。如果更努力地进行文本细读，会发现什么呢？这些发现对于我们思考整个作品的问题有什么帮助呢？甚至，有没有可能会改变你对葛薇龙的态度呢？我们不妨试一试。

"接下来，我还是要把大家分成三个小组。每个小组呢，会拿到一张 A3 纸，上面依旧有一个片段，比刚才的要长。但是在 A3 纸上占据的空间很小。所以大家需要把自己读出的东西尽可能多地写在上面。

"怎么写，怎么画，没有任何限制。只要能够让别人看清楚就行。每个小组拿到的内容不一样。大概每七分钟，我们会交换纸张。这样呢，从第二轮开始，你就能看到其他小组留在上面的思考或者评论了。"

又是一个有趣的方法。我想象着可能会发生的碰撞，或者误解。

马老师很随机地分配了小组。田芳、悠悠还有我分到了一个小组。我们拿到的纸张上是下面这段内容：

　　她在人堆里挤着，有一种奇异的感觉。头上是紫黝黝的蓝天，天尽头是紫黝黝的冬天的海，但是海湾里有这么一个地方，有的是密密层层的人，密密层层的灯，密密层层的耀眼的货品——蓝磁双耳小花瓶、一卷一卷葱绿堆金丝绒、玻璃纸袋装着"巴岛虾片"、琥珀色的热带产的榴莲糕、拖着大红穗子的佛珠、鹅黄的香袋、乌银小十字架、宝塔顶的凉帽；然而在这灯与人与货之外，还有那凄清的天与海——无边的荒凉，无边的恐怖。她的未来，也是如此——不能想，想起来只有无边的恐怖。她没有天长地久的

计划。只有在这眼前的琐碎的小东西里，她的畏
缩不安的心，能够得到暂时的休息。

　　这是小说结尾处的一段文字，我印象很深刻。

在此之后，先是极其残忍的那一幕——年轻的妓女，一大帮水兵，然后便是在我看来小说中极好的一个片段：烟卷上的火光，仿佛一朵橙红色的花，花立时便谢了。

悠悠已经开始动笔了。她圈出了两个"紫黝黝"，然后写下：天与海是一般颜色，连在一起，便如同一个囚笼。我呼应似地圈出"密密层层"，写下：需要这么纷繁的事物才能驱散困于囚笼的痛苦。悠悠接着将下面的"天与海——无边的荒凉，无边的恐怖"与"紫黝黝"所在的这句话用线条连在一起。田芳突然兴奋地叫了一声。

"颜色！"她喊道。

然后，她圈出"蓝""葱绿""琥珀色""大红""鹅黄""乌银"。之后，她停了下来，说："张爱玲可真是喜欢写各种颜色呀。"

悠悠问："为什么要把颜色写这么丰富呢？"

田芳想了一会，说："和密密层层一样，色彩的丰富能够让她暂时忘记生活的荒凉吧。"

我认同地点点头。田芳开始写字。写到一半，她叹了一口气，说："这样生活得多难受呀。"

时间到了。我们手里是新的一张纸，上面是葛薇龙刚刚住进姑妈家的一段文字：

薇龙探身进去整理那些荷包，突然听见楼下一阵女人的笑声，又滑又甜，自己也掌不住笑了起来道："听那睨儿说，今天的客都是上了年纪的老爷太太。老爷们是否上了年纪，不得而知，太太们呢，不但不带太太气，连少奶奶气也不沾一些！"楼下吃完了饭，重新洗牌入局，却分了一半人开留声机跳舞。薇龙一夜也不曾阖眼，才阖眼便恍惚在那里试衣服，试了一件又一件；毛织品，毛茸茸的像富于挑拨性的爵士舞；厚沉沉的丝绒，像忧郁的古典化的歌剧主题曲；柔滑的软缎，像《蓝色的多瑙河》，凉阴阴地匝着人，流遍了全身。才迷迷糊糊盹了一会，音乐调子一变，又惊醒了。楼下正奏着气急吁吁的伦巴舞曲，薇龙不由想起壁橱里那条紫色电光绸的长裙子，跳起伦巴舞来，一踢一踢，淅沥沙啦响。想到这里，便细声对楼下的一切说道："看看也好！"

她说这话，只有嘴唇动着，并没有出声，然而她还是探出手来把毯子拉上来，蒙了头，这可没有人听见了。她重新悄悄说道："看看也好！"便微笑着入睡。

纸面上已经乱七八糟地写了不少字。有人圈出了"自己也掌不住笑了起来"，后面写着：上个自然段的质疑和反思才一会儿便没了。中间从"毛织品，毛茸茸的……"一直到"流遍了全身"下面画了潦草的波浪线，旁边用潦草的字体写着：妙极！然后在后面有人用更小也更工整的字体写着：似睡非睡，在人的意识最薄弱的时候暴露了自己的欲望；色彩和声音，最容易让人奢靡。

下面还有好几处圈画。又是悠悠先拿起了笔。整个纸张下面写着：女人就是喜欢漂亮衣服。她回应道：男人也可以喜欢漂亮衣服。田芳禁不住哈哈大笑，然后接着这句话写下：就是喜欢漂亮衣服怎么了？

笑过之后，大家开始了细读。画下"连少奶奶气也不沾一些"这句，悠悠写道：前面葛薇龙听到丫头称呼姑妈少奶，心生怀疑，不知道这里是否以姑妈为参照。有人圈出了最后一句话"她重新悄悄说道……"，在后面写着：第二次说，可见到底还是抵制不住诱惑。我把前面一句话也画了，在这句话旁边写道：她也还是有负罪感的，无论是声音的高低，还是拉毯子蒙住头，都没有其他人在意。在意的是她自己。所以，她觉得不该爱慕虚荣，但终究投降了。又写了一会儿，大家觉出困难来，开始沉默。悠悠看着开头的"荷包"，嘴里念叨着"声音、色彩、味道"，但还没来得及写上去，时间便到了。

在第三张纸上，文字稍微多了点，有两个段落：

乔琪一天不爱她，她一天在他的势力下。她明明知道乔琪不过是一个极普通的浪子，没有甚么可怕，可怕是他引起的她那不可理喻的蛮暴的热情。她躺在床上，看着窗子外面的天。中午的太阳煌煌地照着，天却是金属品的冷冷的白色，像刀子一般割痛了眼睛。秋深了，一只鸟向山巅飞去，黑鸟在白天上，飞到顶高，像在刀口上刮了一刮似的，惨叫了一声，翻过山那边去了。

薇龙闭上了眼睛。啊，乔琪！有一天他会需要她的，那时候，她生活在另一个家庭的狭小的范围里太久了；为了适应环境，她新生的肌肉深深的嵌入了生活的栅栏里，拔也拔不出，那时候，他再要她回来，太晚了。她突然决定不走了——无论怎样不走。从这一刹那起，她五分钟换一个主意——走！不走！走！不走！在这两个极端之间，她躺在床上滚来滚去，心里像油煎似的。因为要早早结束这个痛苦，到得她可以出门了，就忙着去订船票。订了船票回家，天快晚了，风沙啦沙啦吹着矮竹子，很有些寒意。竹子外面的海，海外面的天，都已经灰的灰、黄的黄，只有那丈来高的象牙红树，在暮色苍茫中，一路上高高下下开着碗口大的红花。

旁边的文字已经很多。最多的集中在两段景物描写那儿。每一处下面都是重叠的线条。上面一个自然段那儿，有人画出了"黑鸟在白天上"，并且圈出了"黑"与"白"，写道：仿佛是黑白照片，没有色彩，葛薇龙当时的心境。

在整个这段话旁边又有很长一段文字，非常精彩：又是比喻的嵌套，天像刀子，黑鸟被刀口刮，这样的嵌套能够让效果延长吧。前面看着天，葛薇龙是痛苦的。看到黑鸟，仍旧是痛苦的。因为比喻句的嵌套，更让人觉得它们是未曾间断的同样的痛苦。

同样精彩的一段评论出现在最后一句，写的是俊秀的小楷：前面是暗淡的灰黄，但结尾处是碗口大的红花。想到了之前课堂上谈到的"以乐景写哀，以哀景写乐，一倍增其哀乐"。红色的绚烂仿佛是自己不可得的美好，高高立着，遥不可及。

光是观看、评点这些内容，就花了我们一半的时间。悠悠指着这段小楷，说："红色也可以从反面解读吧，比如红色是鲜血的颜色，和痛苦连在一起；又或者，红灯停、绿灯行，红色本来就是一种有警示效果的色彩。"

田芳笑着说："拜托，这个故事恐怕发生在一百年前吧？那时候就有红绿灯了？"

"哦，也是。"悠悠笑了。

但她拿起笔，一边写一边说："不过，我还是要写。那个时候有汽车了，我觉得肯定也有红绿灯。"

我也准备增加点内容了。上面的自然段，"中午的太阳煌煌地照着，天却是金属品的冷冷的白色"，我画出另外一条直线，用的是红色的笔，然后写下这么一段话：天和太阳如同结尾处的天与海，已经具有了压迫的力量，并且似乎代表着生活巨大的阴影。但也有可能，它们就像乔琪乔在她这里引起的热情一样，同样不可抗拒。

当然，零零落落地，能看到不少批评葛薇龙的文字。有人写下"恋爱脑"三个字。有人写"种豆得豆，种瓜得瓜"。悠悠想要反驳。但时间到了。

三张纸落到桌面中央。

大家写下的内容肯定超过了原本的片段。我看到我写下的文字后面有了新的评论或是感叹号，像是朋友圈的回复。洪乐依旧张着自己的大嗓门，一句一句地念着：

"女人就是喜欢漂亮衣服。男人也可以喜欢漂亮衣服。就是喜欢漂亮衣服怎么了？虚荣让人堕落。爱美之心，人皆有之。色即是空，空即是色。阿弥陀佛。"

所有人爆发出一阵哄笑。

等周围涌起的声音渐渐零落，马老师才开口说话。

"刚才讨论葛薇龙遭遇的时候，大家似乎更多集中在她和姑妈的关系。而在这三个片段中，大家除了继续关注景物描写外，似乎更多地在谈论葛薇龙和乔琪乔的爱情。这也是我比较好奇的一个问题：**大家怎么看待他们两人之间的感情？你觉得他们俩之间有爱情吗？**"

大家或高或低地回应着。

"爱呀。""都是利益交换，哪有什么爱情？""我觉得还是有的。""反正来得快，去得也快。""幻想中的爱算爱情吗？""那你也可以问单相思是不是爱情了。"……

"还有十分钟左右的时间，我还是想让大家回到故事里理解这个问题。在某个具体的时刻，在某次具体的表达和行为中，你能够感受到爱的存在吗？只有在具体的文字面前，我们才可以更清楚地反思或者质疑两个人之间的爱情。

"不过我想做一次性别的调换。男生们，你们尝试寻找葛薇龙爱的证据，而女生们寻找乔琪乔爱的证据，然后讨论这些证据意味着什么。"

毫不意外，女生之间出现了分歧。王渺和冉

思睿激动地说，乔琪乔就是个"海王"，他就是想和葛薇龙睡觉。悠悠反驳道，他的爱只是来得快，去得也快，但你不能说那就不是爱。田芳插嘴道，身体的欲望算爱的一部分吗？我迟疑地说，不算吧。彭子涵始终没有说话，只是默默地翻着书。

五分钟后，男女生望向彼此。

男生先开始。一个明确的时刻是有月亮的那个晚上。原文中写道"她知道她为什么这样固执地爱着乔琪，这样自卑地爱着他……"他们也提到了随之而来的嫉妒，对睨儿的嫉妒。之后，生病的薇龙在想着乔琪乔"引起的她那不可理喻的蛮暴的热情。"以及，她看到乔琪乔伏在汽车的轮盘上，都会"心里一牵一牵地痛着，泪珠顺着脸直淌下来"。所以，作为代表发言的白江宏说，葛薇龙的爱已经到了身不由己的程度，但她的爱卑微到令人心痛。

白江宏坐下之后，梁少楠说他想补充一个片段。故事结尾的时候，在湾仔的新春市场，他们有过一段对话。葛薇龙说了一句"我爱你，关你什么事"。大家等着梁少楠继续表达他的想法，但他坐下了。

意识到大家的沉默和等待后，他尴尬地说了句："我就是想分享给大家。"

"所以，"王渺亮出自己的大嗓门，"葛薇龙自己知道，乔琪乔根本就不爱她。这是一段单向的爱情。"

悠悠说："回到那个有月亮的晚上，在刚才他们提到的那段话后面，葛薇龙是这样想的，'现在她明白了，乔琪是爱她的。当然，他的爱和她的爱有不同的方式——当然，他爱她不过是方才一刹那。一刹那虽然——'

悠悠被打断了。

冉思睿激动地说道："那是性，不是爱！即使我们退一步，站在葛薇龙的视角，认可这个时候感受到的爱。但是当她看到乔琪乔和睨儿在胡闹时，难道不是意识到自己被骗了吗？她表现的多么绝望，那个时刻感受到的爱就多么虚假。"

悠悠没有再继续反驳。我很想找出证据，证明乔琪乔哪怕有那么一瞬间是爱葛薇龙的。但第一次阅读的时候，他们之间巨大的不对等已经把我淹没了。

这时，彭子涵举起了小小的手：

"如果单单从文字中寻找证明，恐怕发现不了乔琪乔对葛薇龙的爱。他的很多表达都经不起推敲，也充满了浪漫化的虚伪。我觉得，我们没必要非要找出点什么来削弱这个故事的残忍。我想反过来聊一聊葛薇龙对乔琪乔的爱。

"当我们谈论爱的时候，我们是在谈论一种永恒不变的东西吗？当然不是。所以，如果我们承认爱是变化的，甚至始终都在变化，也许我们会发现葛薇龙的爱也没有那么深沉吧。起码在月亮来的那个晚上之前，我们看不到葛薇龙明显被打动的时刻。她第一次认真考虑和乔琪乔的关系，是在司徒协给她送手镯之后。她说自己不希望像姑妈那样需要爱，所以她想主动地去爱，这个时候她才又想起乔琪乔来。再后来，她决定离开香港，生了一场大病。转折点的时刻她也谈到了自己没有太多选择，还是结婚的好。当然，这样说并不是在否定葛薇龙不爱乔琪乔，而是说，她的爱同样复杂多变。

"我想，在他们的关系里，张爱玲既写出了一个女人在感情方面的被动，也写出了她们在经济和社会处境方面的被动。甚至我觉得，葛薇龙某些时候把对乔琪乔的爱当作了一个借口，一个救命的稻草，作为自己接受那肮脏生活的一个重要理由。"

与我的期待不同，她没有修补爱的坍塌，反而照出了它的千疮百孔。这难道就是爱情吗？如果这是真相，生命该是多么不堪呀？

但她说完后，仍然是礼貌地笑着。

大家又说了点什么。我感到一阵烦躁，想起了《金锁记》。同样的残忍，发生在母亲与女儿之间。等我回过神的时候，马老师说，这一学期的课程结束了。

我以为她会有一次告别式的讲话。但没有。在所有人寂静着等待的时刻，她只说："欢迎大家常来书店看书。"

然后她低下头，开始收拾桌子。

我依依不舍地走到一楼，出了门口。雨已经停了。空气是凉凉的。门前有一摊干净的水洼，里面漂着一条艳艳的红丝带。我和悠悠告别，准备跨过红丝带的水洼去坐公交车。但突然，脑海中落下一个念头。我返身回到书店二楼。

剩下马老师一个人。她微笑地看着我。我突然把念头熄了。

我只好说："我想买一本《红楼梦》。"

马老师从书架上找到这本书，推荐了一个版本。

我问她下学期是否还有阅读课。她说不确定，但如果决定了会告诉大家。不过，她停了一会儿说道，最重要的还是自由阅读。多到书店和图书馆吧。

回去的时候，爸爸不在家。我坐在沙发上发呆。微风从昏暗的阳台上吹进来。我手里捧着《红楼梦》，但读不进去。突然多多叫了一声。我看见它抖索着身子，用月亮般的眼睛看着我。我终于忍不住哭了起来。

　　两年前，十三岁生日那天，妈妈把黑色的多多送给我。她说，不在家的时候，多多可以陪着我。

　　哭声渐渐止歇，从门外传来了声响。爸爸回来了。我捞起多多，快步回到房间。

　　悲伤总会淡的。我翻开手机，看到白江宏发来的信息。他说读到《金锁记》了，也是浑身起鸡皮疙瘩。然后他又说，好像张爱玲和她母亲的关系也比较糟糕。

悲伤总会淡的，但思念不会。

我没有回应他的张爱玲，而是说，我想我妈妈了。我发出大段大段的文字，把他零星的回复淹没。

他说："你继续，我在看着。"

于是，我从妈妈癌症的日子荡开，把不断撞来的记忆变成文字。

妈妈爱美。妈妈不会做饭。妈妈对美食很有研究。妈妈很高，很瘦。妈妈去世前只有七十多斤。妈妈喜欢绿色的植物和水红色的丝巾。妈妈带我去书店和图书馆。妈妈和我一起在雨天读书。妈妈喜欢看电影。妈妈喜欢搜集海报。妈妈喜欢蓝色。妈妈热爱自己的工作。妈妈在机场上班，妈妈也是一名翻译。

我望向书柜,那里摆着她翻译的书。《落魄记》《万圣节游行》《火》……我一本一本地列举出来。我记得每一本书的名字。

虽然有些冒失,但他耐心地回应着我。

然后,他突然说,我觉得你可以把你妈妈的故事写下来。

像是一阵海水漫过来,我一下子被快乐的想象唤醒了。

还不到一年,一些遥远的记忆开始模糊。经由文字,我可以让妈妈的过去保存下来。我可以写下她和我的陪伴,还可以追溯到她和爸爸的恋爱故事。哦,不止如此,我甚至要让外公外婆讲一讲妈妈的童年，以及她的学生时代。那么，我还可以去采访她过去的老师，她的同学，以及朋友。

是的，我要写下妈妈的一生。

我太开心了。

白江宏见我没有回复，问写下来会不会让我难受。我说不会，很感谢你。

我说晚安。

我要开始动笔了。

后记

冯军鹤

这是一个尚未结束的故事。书合上以后，读者离开，但虚构的世界仍在流动。在那里，沈青开始了回忆母亲的写作，X书店继续开在深圳的一角。而那些年轻的学生们，白江宏、洪乐、李悠悠、彭子涵、王渺……将往来于学校、家中、图书馆，当然，还有X书店。

我愿意把这本书当作一部小说。小说是虚

构的，但这个故事中的课堂却并非纯然编造，其中大多数都在我的教学中发生过。我选择以小说的方式重新抵达，是因为我相信小说的力量，也相信小说的真实。就像风吹起的沙丘，其中既有风的真实，也有沙子的真实。

有人会说，小说怎么会是真实的呢？编出来的故事肯定是虚假的。如果这样看待真实，这套书就应该由课程教案和课堂作业组成。如果有课堂实录就更好了，师生的每一句问答都可以被展示出来。但很可惜，没有课堂实录。我的课程既不是公开课，也没有暴露在监视器当中。而且即使有课堂实录，我也不认为那是最重要的教育真实。或者，换一种怀疑的目光，我不认为课堂实录是易于被感知的教育真实。它们过于单调、坚硬、规则，就像讨论时政要闻的法玛*，让一切记忆披上标签（当然，例外是有的）。法玛们当然钟爱这样的实录，也钟爱同样规则的课堂。在那里，教师负责提问和总结，负责评判对与错，他们擅长设计，就像在修建一条马路，尽头是一座城市或者房屋。

克罗诺皮奥则不同，他们热爱流动，热爱变化，热爱一切生长中的东西。克罗诺皮奥钟爱的课堂更像是一条河流。在那里，教师和学

---

*见《从诗歌开始》第 27 页的引文。

生一起接受流动的可能，没有对与错，没有绝对的目的地，所谓"随物赋形"，便是这种课堂的空间。克罗诺皮奥们聚在一起，也总是众声喧哗的，这并不需要被纠正，相反，它应该成为一种追求。因为众声喧哗意味着表达的渴望，也意味着碰撞的发生，其中既有情绪，也有言语之外的互动。所以，除了对白，抵达教育真实还需要学生们的姿态和表情，需要老师和学生在空间中的位置与变化，需要感受他们的目光，需要看到学生在进入课堂前的经验与记忆，以及课程结束后的细流与浪花。总而言之，课堂不是唯一的教育空间，下课也不是教育的结束。而呈现这种丰富的教育真实，我相信小说是一种更加合适的方式。小说的细节和想象，会让人凸显出来。我认为这应该是语文教育，或者人文教育的追求。

这样说未免有些理想，因为在现实的语文教育中，我们不得不面对应试的需要，和明确的知识内容。"不得不"当然值得反思，因为我们理应有更多选择。但在本书中，我无意于讨论应试体制和它背后的知识结构。

这本书献给那些对应试教育感到不满的朋友，它是体制外的探索，是怀疑的姿态，也是一种尝试。单单从这里出发，十二节虚构的语文课就难以避免地带上了理想主义色彩。同样被这种理想主义色彩浸染的，还有Ｘ书店、马老师、十个孩子，以及每一次课堂。但必须说明的是，主流与制度总是单调的，而挑战与反叛却充满着可能。所以，《Ｘ书店12节虚构的语文课》只是其中一种可能。具体来说，这一本理想的虚构主要谈论阅读（也延伸至写作）。如果你也承认阅读并非背诵，并非对作者意图的追寻，并非抵达真理与教导，阅读乃是一段体验，阅读可以是自我的回声，阅读希望产生对话，那么你也许会喜欢这十二节课。正是这种期待，让马老师的角色更接近于主持人，而不是教练员与裁判。

　　当然，走进文学作品有一些可能的路径，书中提到的"文本细读"是备受信赖的方式之一。但相比于培养学生如何阅读，这本书同样关心的是如何让孩子爱上阅读，这不仅仅是教师的任务，也是家庭的任务。我相信方法之一是认可孩子的阅读权利，尤其是解读作品的权利，并且鼓励他们之间的互动与交流。在这种开放并且平等的阅读体验中，文学作品将会有机会成为他们的朋友。孩子们不仅愿意和作品对话，也愿意认识新的朋友。正是在这样的意愿中，众声喧哗才会成为可能。

换句话说，我们其实是在追求阅读的可能性。既然是一段体验，阅读就应该和体验者息息相关，所以，"一千个读者就有一千个哈姆雷特"。十二节语文课正是对这一句被滥用，但也被忽视的格言一次认真的实践。正是在这个意义上，"X书店"成为了这本书的名字，当然也是作品中书店的名字。X代表着未知，也代表着可能，既是诱惑，也是邀约，每一位读者都可以为书店命名，也可以想象一间属于自己的书店。

　　以上，便是这本书的血肉。而下面，是这

本书的骨骼——我的教学故事。

　　我的教师生涯源于 2014 年的一次选择。大学毕业后，我来到云南，开始了为期两年的支教。在此之前，同样在此之后，我都没有想过成为一名老师。最重要的原因，是我当时只能站在应试教育中看待教学。我以为自己可以在开放的读写教育和封闭的考试系统之间取得平衡，但两年的结果证明，我做不到。应该有人可以，但不是我，最起码不是当时的我。于是，两年结束后，我离开了教育行业，坐进了北京的格子间。每天，我沿着同样的路线，在同样的时间和同样几个人坐在一起。屏幕亮着白光，坐下去就是一整天。当我想要走动的时候，只能在玻璃大楼里转一个小小的圈子。于是我开始怀念支教时候的日子。那时，办公室里的我随时会被孩子们的喊叫声诱惑，总会忍不住走到外面，和孩子们一起打球，或者漫无目的地追逐。也正是在格子间里，我意识到自己是多么喜欢孩子。

然后，我辞职，回到云南，去学校代课，半年后加入了一所创新小学。我再次直面那个关于平衡的问题。但这次，一切都变化了。我负责建立一所新的图书馆，负责全校的阅读课，也和同事一起为孩子们设计课外活动。巨大的空间和想象力像一座又一座山丘，和周围的坡地连在一起。但语文课可以如何想象呢？在当时，这个问题的自然逻辑是：课文讲授可以如何想象。现在看来，这是过于偏狭的逻辑，但却是那个时候没有人怀疑的逻辑。因为尽管是一所创新小学，我们仍然沿着同样的链条在滚动：一样的期中和期末考试，一样的试卷，一样的背诵。于是一样的，语文课本还是课堂的中心。当然不应该遵从这样的逻辑，但它就是那个时候自己未曾突破的语境。我又陷入同样的痛苦中：大部分课文无法激起我的兴趣，想象力变得越来越贫乏。当考试临近时，我变换着方法帮助他们复习，努力追踪每一个学生的背诵，美其名曰：为成绩负责。但我没有办法不怀疑自己，甚至常常感到虚弱。一年后，我又一次离开了。

今天，当敲下这些文字的时候，我知道当时的痛苦仍然始于想象力的匮乏。如果语文课只能围绕课文展开，贫乏便无可避免。最起码，对待课文应该有认可与不认可的选择。当不认可出现时，课文或者被替代，或者以批评的方式进入课堂。一旦想象力从不满开始，语文课堂就会被撕开一道口子，自由与丰富的阅读景观便会被看见。但当时，语文的教育是从认同开始的。不满当然发生了，却没有力量，也没有被认真对待。

我以为自己再也不会回到学校了。新公司的园区长满了柿子树，叶子又肥又大。果子生出来，青色、饱满，然后转红，开始成熟。我盼望着它们成为透明的红灯笼，流出熟烂的香甜。但某个秋天的早上，所有的柿子突然不见了。到了冬末，影视行业的大雪终于落向这家小小的电影公司，我失去了工作。同时消失的，还有北京郊区密密麻麻的城中村。被裁员的前两天，我乘坐出租车经过一条马路，看见许多房子失去了屋顶，没有行人的街道空空荡荡，留在墙面的招贴画有些诡异。又一次离开北京后，我陷入了长达半年的困顿与迷惘。

教育的机会再一次出现。这时，我 27 岁，毕业五年，几乎没有存款。焦虑是有的，但更重要的是，我需要考虑父母的衰老和病痛。新学校首先吸引我的是丰厚的薪酬，但真正让我向往的，却是一个承诺：不参加统考，语文是主科。虽然一直在乡村教学，但我知道这样的空间即使在国际学校也极为难得。

果然，2019 年 8 月，新的开始让我兴奋。和英语、数学一样多的课时，没有任何考试目标化成绩的干扰。孩子们生命力旺盛，天真快乐，像南方湿润空气中盛开的植物。但从哪里开始呢？语文课本仍然出现在学生的桌子上，我们也习惯了在课本中思考。但沿着从前的道路是不可能的。郭初阳老师的课堂和著作给了我最初的信心和方向。六年级上册第一篇课文是老舍的《草原》，注释照例告诉我们，"选作课文时有改动"。找来原文核对，质疑和判断产生的思考对学生同样重要。于是，第一节课就变成了教材批判。没有了统一考试的指挥棒，某些无意义的背诵也该消失了，无趣的课文就让它埋在坟墓里吧，因此而敞开的空间便可以邀请新的朋友了。

第一学期，我们尝试了整本书的精读，选择了《永远讲不完的故事》和《苏北少年"堂吉诃德"》两本书，周末的作业全部留给阅读。在其他时间，阿列克谢耶维奇的《妈妈，我还是想你》（正是本书中第三节课的内容）以及《安妮日记》中的文字和一部短片构成了战争主题阅读和写作。在更为大胆的想象中，名为"微物之神创造社"的项目活动也发生了。在长达一个月的活动中，结合毕飞宇的童年回忆《苏北少年"堂吉诃德"》，我们阅读了许多与植物有关的书写，包括顾城的诗歌《我会像青草一样呼吸》，小说《那一年,叶子没有落下来》

《我亲爱的甜橙树》《她们眼望上苍》中的片段，各种树叶成为课堂的一部分，我们想象和讲述着植物的声音。在最后的作业中，学生会写下植物的故事。

听起来似乎非常丰富。但实际上，第一学期的大部分时间仍然在课本中纠缠。我们不确定这样的课堂是否是有意义的。但"只有经历过自由，才会更加信赖自由"。之后两年，伴随着家长和学生的认可，探索和勇气越来越坚固，我们也距离课本越来越遥远，阅读的书籍越来越多。新闻、音乐、电影开始成为课堂的文本。讨论的主题从家国、亲情逐渐拓展到美食、公民、历史、爱情，甚至性别。孩子们阅读的能力让我越来越惊讶。我开始重新思考布鲁纳的名言：任何学科可按照某种正确的形式教给任何儿童。在这种诱惑下，课本中熟悉的作家之外，我们也集中阅读了汪曾祺、张爱玲、刘震云、金庸、李娟、陈春成、莎士比亚、乔治·斯坦贝克、杜鲁门·卡波特、卡尔维诺、尤瑟纳尔等人的作品。

当我离开学校的时候，三年过去了，刚好是疫情的长度。封控让中国变得狭小，但我的生命却得到了解放。我相信，孩子们也获得了解放。在大量的虚构写作中，他们的想象力让我叹为观止。在一次爆炸式的喜悦中，我无比渴望他们的小说可以发表。正是这次努力，让我结识了《三联少年刊》，开始在上面写作，分享已经发生的课程。再然后，就有了这本书。

我已经谈论过小说的虚构，现在我想谈论一下非虚构的部分。在十二节语文课中，超过一半的课程都曾经具体而真实地发生过。第四节课《活着》、第五节课《人鼠之间》、第六节课《小城畸人》、第七节课的陈春成、第八节课的汪曾祺、第九节课的"脏话"，以及第十一节课的《似水流年》与最后一节课的张爱玲都是依据曾经的课堂讲述的。前两节诗歌课像是一次综合，翻译式写作和诗歌拼贴游戏是我们屡试不爽的课堂活动。第三节课中的材料，曾经出现在我们的课堂上，但课堂内容大部分是虚构的，并且直接源于尚未结束的俄乌战争。而第十节课，关于女人的故事，是我在梦中构思，却没来得及付诸实践的一次遗憾。"梦中"并不是修辞，而是真实夜晚的梦境。除了《羊脂球》与《杜十娘怒沉百宝箱》，我的梦还提供了另外一部小说《蒂梵尼的早餐》。但受制于篇幅，蒂梵尼只好黯然退场。

　　除了课程，X书店的十个学生也是真实的。他们是我在深圳的学生。没有他们，我的故事会是另外一个样子。在写作这本书的时候，我不断想起他们，想起那些美好的记忆。他们是我永远的朋友。我希望首先把感谢献给他们，献给他们每一个人。所以，我想在这里写下他们每一个名字：宾思程、陈祉丹、顾鹏润、郭晗玺、何敬祖、贺小丹、黄沐风、回祖霆、李东浩、李林衡、李宥宥、林渲皓、龙心梓、马安石、彭瀚仪、冉孟龙、司馨妍、谭韵琦、唐语轩、田晋镁、王佳易、于子涵、赵祺睿、赵一冉、郑迪允、周志昱、白谨城、曾令熙、曾梓桐、陈伯庚、陈怡君、段嘉业、冯浩然、付谨言、甘钰涵、廖则霖、刘宣哲、罗威麟、马子恩、糜昕悦、莫炎、彭妍婷、田一涵、王森、王天予、熊艺婷、徐思淇、杨星辰、张馨予、张展铭。

感谢编辑郑先子，是她主动与我联系，并提出把那些文字变成一套书。在和她不断的讨论中，这套书才成为现在的样子。她的耐心、开放和认真，影响了这本书的每一个细节。

感谢我曾经的搭档谢安达老师。如果没有我们的合作，很难想象语文课的探索会如此丰富和顺利。她是一个充满了热情和想象力的老师，也是一个热爱学生的朋友。

感谢陆弯弯，她阅读了全部内容，并且给

出了许多有益的建议。

　　最后，我还想感谢可以让我愉快写作的空间：深圳的溪木素年书店和北羽咖啡，以及北京的一席大院儿。

图书在版编目（CIP）数据

X书店：12节虚构的语文课 . 情感教育 / 冯军鹤著；葛根汤绘 . — 北京：北京科学技术出版社，2024.4（2024.8 重印）

ISBN 978-7-5714-3587-5

Ⅰ . X… Ⅱ . ①冯… ②葛… Ⅲ . ①作文课 – 中小学 – 教学参考资料 Ⅳ . ① G634.343

中国国家版本馆 CIP 数据核字（2024）第 010332 号

策划编辑：郑先子
责任编辑：郑宇芳
责任校对：贾　荣
封面设计：张挠挠　田丽丹
营销编辑：赵倩倩
图文制作：田丽丹
责任印制：吕　越
出 版 人：曾庆宇
出版发行：北京科学技术出版社
社　　址：北京西直门南大街 16 号
邮政编码：100035
电　　话：0086-10-66135495（总编室）
　　　　　0086-10-66113227（发行部）
网　　址：www.bkydw.cn
印　　刷：北京盛通印刷股份有限公司
开　　本：787 mm×1092 mm　1/32
字　　数：40 千字
印　　张：4.625
版　　次：2024 年 4 月第 1 版
印　　次：2024 年 8 月第 2 次印刷
ISBN 978-7-5714-3587-5

定　　价：32.00 元